**ANTHOLOGIE DE POESIES
PAR LE CERCLE
DES POETES DU SUNDGAU**

LES SAISONS EN POESIES

PREFACE

Bien Chers Lecteurs

C'est avec grand plaisir que « le Cercle des Poètes du Sundgau » vous invite à partager avec lui, la vision plurielle de ce voyage poétique autour des quatre saisons. Puissiez-vous avoir autant de bonheur à le lire que nous avions nous-mêmes à l'écrire. Les Poètes se retrouvent régulièrement pour partager leurs créations dans les locaux de la Fondation Allimann au Domaine du Doppelsburg à Hirsingue.

Les photographies du recueil ont été réalisées par :
Beltz Bernard , Meister Rosette
De Saint Marc François, Roller Emmanuelle
la couverture du recueil est une peinture de
Rosette Meister

© 2017, Le cercle des poètes du Sundgau,
Edition : BoD - Books on Demand
12/14 rond-point des Champs Elysées, 75008 Paris
Imprimé par Books on Demand GmbH, Norderstedt, Allemagne
ISBN : 9782322084869
Dépôt légal : octobre 2017

BIOGRAPHIE DES AUTEURS

Angèle Beltz

Institutrice retraitée, loisirs : lecture, musique classique chant choral

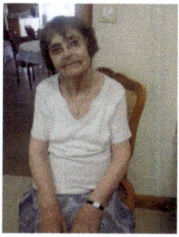

Bernard Beltz

Professeur des écoles en retraite loisirs :Photos et collectionne appareils et matériel photo anciens musique folklorique, chant choral

Liselotte Egly

En tant que Professeur de Lettres j'ai toujours aimé les beaux textes. Une fois à la retraite Calliope la Muse est devenue une amie intime.

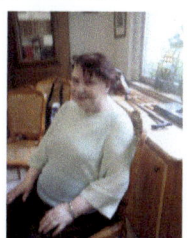

Suzy Kusser

<< Prisonniers d'un bureau et d'une machine à écrire, voilà que mes mots s'échappent en rimes ou en prose au rythme d'une nouvelle musique..>>

Elisabeth Martin

Un rêve une évasion
Dans un autre monde
Des couleurs une passion
Au jardin des songes

Ma langue maternelle
Reste intacte et belle
Exprime les pensées du coeur
Que notre dialecte ne se meurt

Une ambassadrice de 85ans

Rosette Meister,

Présidente du Cercle des Poètes du Sundgau, je compose avec les mots et avec les couleurs, car la peinture est une autre de mes passions. Bénévole à l'Ecomusée d'Alsace, je suis intéressée par la conservation du patrimoine alsacien.

François Specklin, de Flaxlanden,

Cite Léonard de Vinci " La poésie est une peinture qui se sent au lieu de se voir " et précise que sa poésie est plutôt à lire qu'à déclamer ; né à Altkirch en 1937 et revenu dans sa région à la retraite, il se présente en Alsacien :

Sur de beaux contes bleus

En blanc d'échassier sur clocher

En rouge géranium certifié

Tu t'y reconnaîtras, c'est inné

Christina Stehlin

Autodidacte elle parle plusieurs langues
Christina a remporté plusieurs prix de poésie
2003 1er prix d'Italien (cepal)
2005 2ième prix d'Alsacien (cepal)
En 2003 elle remporte le prix Europe (Cercle des Ecrivains Tonneliers)
En 2011 LA CEPAL lui décerne le prix (Réalité Fiction)

Raymonde Verney

Du même auteur
Demeter ou les Pleurs de l'Enfer 2000
Editions du Panthéon
Gaïa 2002 Publibook
Contes à Rebours Publibook 2004
Passage des Acacias Lulu 2011
Les Contes Express de Rémy éditeur BOD 2OO7
Les Contes de Rémy éditeur BOD 2016
Les Contes de la Fée Bleue éditeur BOD 2012
Calliope recueil de vers classiques BOOKELIS 2015

SAISON PRINTANIERE

PETITE FLEURS

Petites fleurs des prés et des bois,
On vous voit reparaître avec joie
Renoncules, anémones, pâquerettes,
Maintes fleurettes dressent la tête,
Leurs petites collerettes illuminent l'herbette
Des crocus et des jacinthes dans mon jardin
Accompagnent des violettes au délicat parfum
Rien ne me paraît plus réjouissant
Que de fêter ensemble la venue du printemps.

Angèle Beltz

LE PRINTEMPS EST LA

Il est vraiment là le printemps
Nous tous, l'attendions, depuis longtemps.
C'est le moment, ou jamais, d'observer la nature,
Pas le moindre nuage dans ce ciel d'azur,
Le soleil darde enfin ses rayons chauds.
Toute créature s'active de belle façon.
Dans les arbres, les oiseaux sautillent sur les rameaux,
Les uns, sont à la recherche du moindre matériau :
Brins d'herbe, paille, plumes ou duvet
Pour construire et aménager un abri douillet.
D'autres, annoncent, par de joyeux trilles
Que leur nid est prêt à accueillir une nombreuse famille.
Les bourgeons,quant à eux se gonflent à nouveau de sève
Et bientôt, feuilles et fleurs prendront la relève
Ici, l'or vif d'un forsythia rivalise d'éclat
Avec le rose tendre d'un magnolia.
Ailleurs, les pâquerettes ouvrent leurs petites collerettes
Au soleil du matin
Tandis que les primevères égaient de leurs vives couleurs
Le jardin.

Bernard Beltz

A TOUTE VOLEE

A tire d'aile à toute volée
S'élèvent les oiseaux dans le ciel
Leurs chants se font alors entendre de plus belle
Le ciel tout entier est rempli de leurs mélopées

Ils dessinent des arabesques au firmament
Comme dans une chorégraphie bien étudiée
Ils se croisent s'entrecroisent par milliers
Le tout exécuté fort bruyamment

Mais voilà à présent le spectacle achevé
Les oiseaux viennent sur un fil se poser
Pour un court instant s'y reposer
Puis les voici repartis encore à toute volée.

Liselotte Egly

UNE GRAINE

Une graine de bonheur
Minuscule dans ma main
Je l'arrose avec ferveur
Dans un coin de mon jardin

Une graine de malheur
A poussé dans mon jardin
Je la piétine pour qu'elle meure
Et se dessèche dès demain

Une graine de joie
S'est glissée dans mon jardin
Dans sa robe de soie
Aux senteurs de jasmin

J'ai semé des graines d'espoir
Aux couleurs de l'arc-en ciel
Pour chasser les idées noires
Retrouver le goût du miel.

Suzy Kusser

Friejohr fer unseri Sproch

Loss mi no ei Mol reeda
Dia àlti Müetersproch
Verurteilt esch sa wora
Verurteilt zum Tod

Hersch wia sa hilt hersch wia sa grint
Sen d'Stemma vo da Ahna
Unseri Sproch so liab so fin
Wann er jetz vergràwa

Mea culpa wann m'r màcha
M'r han zuagloo dia Sàcha
Unseri Kenderla ‚unseri Schatzala
Tràga dia Sproch nem em Harzala

Awer hersch wia sa klengt, hersch as sa sengt
Hàrmonisch esch das Reda
Sesch unser Harz wu das brengt
Sesch d'r Spiegel vo d'r Seela

Besch sàftig, kräftig, voll Humor
Dia Ussdreck sen unser Aïga
Da klengsch so scheen em Ohr
Poetisch kàsch di zeiga

…/

Sehsch wàs sa brengt, sehsch as sa wengt
Awer dü werdsch küm no g'àchta
Franzesch un Hochditsch brengt d'r Wend
Als menderwartig werdsch betràchta

Alla Sprocha werdscht dü hera
 Doch s'Dialekt esch nem bekànnt
D'Identität dian mer verspeela
O liawi Sproch du besch so krànk

Sehsch wia sa schwàngt sesch às sa bàngt
Uf a güati Stetza duasch jetz wàrta
Du liawi Sproch, üssem Heimetland
Besch verurteilt awer no net vergràwa

Drum loss mi no widerscht reda
Dia scheeni Müetersproch
Vel Angala em Hemmel do owa
Senga uf elsassich's Lob.

Elisabeth Martin

PRINTEMPS

Oui, le temps est des plus agréable
Et donne du tonus à nos semblables.
Chaque rayon de cet astre d'or
Nous réchauffe et nous rend fort.

Le printemps se découvre tout doucement
Dans chaque fleur, chaque bourgeonnement.
Un peu en avance sur le calendrier
Nous l'accueillons très volontiers.

Les oiseaux chantent des hymnes joyeux,
Et content fleurette aux amoureux.
C'est la plus belle des saisons
Celle du renouveau et des chansons.

Rosette Meister

HYMENEE

Gai, gai, marions nous, l'an
Renvoie souvent au printemps
Quand l'amandier se drape de blanc
Prouesses d'amour florissant.

Grand, grand bonheur apparent
Sur les parvis où vont concluant
Les oui en duo par ci-devant
Magistrat et révérend.

Chic, chic, le noir et blanc
Dans ce parterre fleuri de gens
Portant des toasts tonitruants
Au jeune couple plein d'allant.

Vrai ,vrai et pourtant
Se demande- t- on nonobstant
Les épousés à nous si ressemblants
Iront-ils au bout de leur serment ?

Don du créateur tout puissant
Pour un monde en mouvement
Les hyménées ravivent la sève du temps
En amour et poésie semés à tous vents.

François Specklin

LA NATURE S'EVEILLE

La nature doucement se réveille
Le vent a chassé les gelées.
La nature sort d'un long sommeil ;
Les dernières neiges se sont envolées.
Par la fenêtre, je pointe mon nez,
Je regarde les perce neige blanches.
Bientôt les brins de muguet,
Salueront le mois de MAI.
Les arbres s'habillent de couleurs douces ;
Les prés et les champs se mettent au vert
Le soleil sèche la terre lourde ;
Ce matin tout est lumineux et clair.
Un chien aboie après les moineaux.
Qui picorent quelques miettes de gâteau,
Dernier vestige de mon déjeuner.
Le chant du coq me rappelle
Qu'il faut s'habiller et s'occuper.
Les animaux de la ferme m'appellent.
Malgré le printemps arrivé,
Qu'il faut leur donner à manger.

Christina Stehlin

LE PRINTEMPS

Le crépuscule du jour imprime mes pas
Déjà je pressens son haleine fleurie
Son arrogance subtile, son port de roi
La nature défroisse sa hargne et devient polie

Mes rêves s'enlacent tels des amants
Et mes audaces s'en vont aux quatre vents
Sur les sentier battus, en fuite à présent
Je lâcherais mes doutes tel un ballon d'enfant

Enfin le printemps pénètre l'apocalypse d'hier
La terre jette sa colère à l'ivoire empourpré
Réprouvre sa virginité, de vieille solitaire
Agacé, le printemps prône la frugalité.

Raymonde Verney

SAISON ESTIVALE

CANICULE

Quelle chaleur aujourd'hui !
Le soleil de plomb darde ses rayons et tout cuit.
Les pauvres fleurs assoiffées baissent la tête.
Cà et là l'herbe jaunit et dépérit.
Tout le monde souffle et cherche de l'ombre,
On s'enferme dans une pièce fraîche et sombre.
Les plus chanceux plongent dans l'eau bleue d'une piscine
Et s'y prélassent comme des ondines.
Nul nuage ne vient troubler le ciel intensément bleu
Qu'une brise caresse doucement les cheveux, on est heureux !
Ouf ! La nuit tombe lentement et la chaleur baisse peu à peu !
Vite !ouvrons portes et fenêtres et laissons entrer la fraîcheur de la nuit.

Angèle Beltz

MATIN D'ETE

Dans le ciel d'un bleu profond
Le soleil éclatant darde ses chauds rayons.
Sous le souffle léger de la brise
Les blés murissants ondulent comme un lac.
Cà et là, au milieu de la nappe, éclate une tache rouge,
Ce sont des groupes de coquelicots qui bougent.
Le long d'un fossé, des mauves étalent leurs pâles
pétales;
Entourées des têtes blanches et jaunes des camomilles.
De temps en temps un oiseau lance de joyeux trilles.

Bernard Beltz

LE SUNDGAU EN ETE

A l'horizon à perte de vue des champs
Du vert clair au vert céladon
La verdure à ce tableau donne le ton
Car à perte de vue elle s'étend

Quelques arbres pourtant en toile de fond
Bordent cet espace vert profond
Mais confèrent à ce tableau encore plus l'impression
D'être une gravure ton sur ton

A l'horizon à perte de vue le ciel
Du bleu clair au bleu pervenche
Ce bleu si bleu complète cette vision et tranche
Sur cette verdure aux beautés éternelles.

Liselotte Egly

VACANCES D'ETE …

Mes pensées surfent sur les vagues de mon âme
L'oiseau, dans son envol goûte-t-il sa liberté ?
La mer s'étire, gonflée par sa mouvance
Expansive, elle prend toute sa place
Le sable chaud fait miroiter ses cristaux
S'infiltre entre les orteils des baigneurs
La peau se gorge de soleil,
De chaleur qui réchauffe jusqu'au cœur
Le firmament étale ses palettes de bleus
Jusqu'à l'incandescence du couchant
Les voiliers filent sur le dos du vent
C'est les vacances,
Tant attendues, mille fois rêvées
Savourées sur les plages alanguies
Dans une somnolence vide des choses de l'absence
Les mots se cachent dans un silence qui régénère
La conscience revient à son identité originelle
Au plus profond de son être
C'est les vacances !

Suzy Kusser

Summertràuim

Sehsch d'r Acker met volla Ahra
A Gottesgàwa wia unseri Rawa
A letschter Sunnastràhl ewer's Korn
D'Ahra sen zittig…as esch fer Morn

Guldgahl Kernala voller Senn
Breng'sch net i a grosser Gwenn
Doch lawenswechtig fer d'Menschakender
Ernähr uns em Summer wia em Wenter

A grosser Laïb Brot fer àlli Litt
A tiaf Gebat…üss àlter Zitt
Em Vaterunser batta m'r drum
Herr s'fahlt Brot…blib net stumm

A Sembohl vom Lawa
Vater…s'derft dina Kender net fahla
Sembohl vom a Glàuiwa
O Herr… loss uns tràuima

D'r innigscht Wunsch en d'r hetiga Zitt
War's tagliga Brot fer àlli Litt

Elisabeth Martin

L'ETE

Il s'en vient le temps des fruits
L'été avance à grand bruit
Les orages éclatent ça et là,
Faisant parfois des dégâts.

L'eau salvatrice abreuve la terre,
Elle donne vigueur à tout être.
Dans les champs, les blés mûrissent
Les hampes de maïs grandissent.

Les fruits rouges de saison
Ecrivent leur chanson
Sur les lèvres gourmandes
Qui en redemandent.

Le potager regorge de vitamines
Pour nous donner bonne mine.
L'été s'avance à grand bruit
Il est là le temps des fruits.

Rosette Meister

QUAND L'ETE SE PRESENTE AUX SENIORS

Si les degrés des marches pèsent
Quand la température sous des rayons ardents
Assomme, met les cellules mal à l'aise
C'est que l'astre obèse est en sur-rendement
L'enfer sur terre s'identifie à une fournaise
Et personne ne peut contrôler son dérèglement.

Alors, abandonnez les lieux qui déplaisent
A vous faire subir des coups de sang
Pour trouver le bon confort dans une chaise
A l'ombre que l'étoile en majesté consent
Et la vie, complétée par des parenthèses
S'offrira douce en un beau présent.

François Specklin

NUITS D'ETE

Des volutes pailletées d'argent
Scintillent dans le crépuscule ;
S'étirent en se miroitant
Dans l'eau tiédie par la canicule

D'un lac cerné par des sapins ;
Fougères, mousses et serpolets,
Un vent doux caresse les lupins ;
Laisse échapper des senteurs parfumées.

Ecouter le chant des grenouilles
Sur les rives du lac zébré.
Des étoiles filantes se mouillent ;
Forment des ronds et des stries ambrées.

Mille étoiles dans le ciel clignotent,
Comme des kaléidoscopes aux dessins mouchetés.
Les cris lugubres d'une hulotte,
Rendent féerique cette nuit d'été.

Christina Stehlin

LE RONDINET SOLEIL

Ravi le ciel presse les fées
Les elfes blancs et leur lutin
L'astre revient ! Quel doux matin !
Les fleurs rouges mal attifées
Cherchent leur peigne avec dédain
Un rayon vert les a bluffées
Ravi le ciel….

Tableaux figés par un fusain
Fort délicat ! Couleurs greffées
Ces toiles seront paraphées
Par le printemps, d'un air mutin.
Ravi le ciel….

Raymonde Verney

SAISON AUTOMNALE

SPLENDEURS D'AUTOMNE

Au bord d'un étang me promenant
J'admirai le soleil couchant
Sur les petites vaguelettes il scintillait doucement
Là où se balançaient les feuilles tombées
Détachées peu à peu des hauts érables colorés
Dans la forêt voisine les frondaisons brillaient,
Maintes teintes éclatantes se mêlant intimement.
Quel peintre invisible a vidé sa palette sur le firmament ?
Quelle fée bienfaisante a d'un coup de baguette magique
Revêtu les bois d'une livrée magnifique ?
Est-ce MELUSINE ou MERLIN l'enchanteur
Qui offrent à nos yeux cette éphémère splendeur ?
Car bientôt les brouillards matinaux gâchent les couleurs,
Les vents s'amusent à éparpiller les feuilles desséchées,
Et les enfants qui marchent en traînant les pieds, les font chanter.
Elles murmurent la complainte des arbres, tristes de se voir dépouillés ;
Appréhendent le froid, les pluies et la neige sur les branches verglacées.

Angèle Beltz

UN AUTOMNE INHABITUEL

Au calendrier, l'automne a commencé le 23 Septembre,
Mais il fait toujours très beau et nous voilà en Novembre.
Partout toutes les fleurs étalent encore leurs brillantes couleurs.
Les dahlias nous offrent de gros bouquets aux corolles multicolores
Les rosiers sont couverts de fleurs aux pétales de satin unicolores
Dans les vergers, on cueille les pommes et on gaule les noix
Les feuilles des arbres changent de couleurs et ornent l'orée des bois.
Dans les champs, s'activent de nombreux agriculteurs
Pour le moment, c'est l'été indien aux températures estivales.
Mais à mesure que les jours s'écoulent, s'accentue la fraîcheur.
Et voilà, qu'un matin, au réveil toute la campagne scintille
Durant la nuit, l'automne a revêtu sa cape de givre qui brille.

   Bernard Beltz

SOLEIL AUTOMNAL

Le soleil rougeoyant descend derrière les montagnes
Un certain temps c'est là qu'il stagne
Avant que l'autre hémisphère il gagne
Et que le lendemain notre ciel il ne regagne

Tel un disque de feu il embrase les cieux
Il enflamme l'horizon tant qu'il le peut
Le ciel et la terre brûlent sous nos yeux
C'est Phébus le Maître des Lieux

A présent le soleil a disparu derrière les montagnes
La nuit arrive à son tour elle stagne
Avant que le jour ne regagne
A nouveau notre ciel et nos campagnes.

  Liselotte Egly

L'AUTOMNE EST ARRIVE…

Dans les prés, les colchiques étalent leurs corolles mauves
C'est le signe, l'automne va arriver
La brume, d'un voile de tulle gris, enveloppe le village
Le vent se fait son complice
Attirant les premières feuilles dans sa course folle
Dans les vergers, les pommiers courbent leurs branches
Sous le poids de leurs fruits acidulés
Les noix font éclater leurs brous
Et chutent au bord du chemin avec un bruit mat
Les arbres revêtent leur parure jaune, ocre, cuivrée
L'été s'en va avec la nostalgie des beaux jours
Déjà le soleil est moins chaud
L'air a la douceur ténue de ce début de saison
Le crépuscule nous rejoint plus tôt
La rivière étire ses bras liquides et vient lécher les ajoncs
A la prochaine ondée, les champignons
Redresseront leurs têtes à chapeau
Dans la forêt le cerf exerce sa voix
Pour appeler la biche de son cri rauque
Bientôt les oiseaux migrateurs apprivoiseront le ciel
De leur vol en éventail
Et moi, je retrouve les émotions des rentrées d'antan
Avec ce pincement au cœur de fin de vacances …

Suzy Kusser

S'Spootjohr

Härbschtzeitlosa uf d'r Màtta
Allmahlig s'Fald sech lahrt
D'r Wàld bikummt a neya Kàppa
D'r Mohler hàt si Palette glahrt

A kräftiger Bàuim a güati Frucht
Em Gàrta d'lätschta Gmiesla stehn
D'Schwalmala sen jätz àlli furt
I mecht so garn d'Nàtur versteh

Scheen esch oi d'r Härbscht
Im Elsass en da Rawa
A Triwel siass un fescht
D'r Sàft erheitert s'Lawa

Bim a Glessala neya Wi
Alli Frend setza àm Tesch
D'r Spack un Nussa sen d'rbi
So scheen dàs Spootjohr esch

Rüja…schlofa,muast d'Nàtur
Drei Saisons hàsch dü bliajt
A lànga erholenta Kür
Alles gschankt üs Liab

Blàtter fàlla…s'Lawa wicht…
Sa decka a kàlter Boda
D'r Navel käijt… sech àlles ficht
Mer danka àn unsra Toda

Trüret doch net um àlles
S'Friejohr weckt wedder àlles
Salbscht im àndra Gàrta
Wo d'àlti Seela wàrta

   Elisabeth Martin

LA FEUILLE D'AUTOMNE

J'ai changé de robe
Plusieurs fois à l'aube,
J'ai supplié, prié
Mais il fut sans pitié.

Je l'ai quitté,
Seule, attristée
Un matin pluvieux
Sous un ciel nuageux.

Mon arbre m'a trahie, peinée,
En ce temps d'automne mouillé.
Et je dois maintenant
Assumer les affres du temps.

Je dois m'en aller
Voler, tournoyer,
Du haut de mon adoré
Pour rejoindre mes amies froissées.

Je vole comme un papillon
Prise dans un tourbillon
De l'automne je suis la feuille
Qui en cet instant prend le deuil.

 Rosette Meister

SORTILEGE D'AUTOMNE

Comme un enfant délaissé,
Comme un oiseau perdu,
Une feuille d'automne
Jaunie, abandonnée,
Est tombée dans la rue
Aux pieds des hommes.

Secouée par le vent,
Je l'ai vue tourbillonner,
M'offrir son dernier voyage
En un court moment,
Toute nue, désorientée,
Par un inéluctable délestage.

Hier encore pimpante
Aux atours de l'été,
Elle reflétait la vigueur
Comme nulle autre frémissante
Parmi ses pareilles cadenassées
Que la verdeur gratifiait d'ardeur.

Elle s'est posée tout près
Sur un tapis d'ombre
Moelleux et craquant
Car le céleste tourniquet,
En clarté ou pénombre,
Reste maître du quatre temps !

François Specklin

L'AUTOMNE

Champignons des prés en bouquets
Champignons des bois parfumés
Leurs chapeaux de couleurs sont parés

Des grandes feuilles de marronniers
Aux belles formes découpées
Et les larges feuilles de noisetiers

L'automne saison de mille couleurs
S'installe doucement sur la nature
Comme le peintre et son pinceau créateur

Les chemins de forêt couverts de mousse
Ressemblent à un grand tapis
Plus doux que les sentiers dans la brousse

Etalés sur les stands des marchés
Des fruits bien mûrs à profusion
Donnent envie de tous les acheter

Les vendangeurs joyeux font la fête
Après avoir rempli leurs fûts
Espérant un vin faisant tourner la tête

Les écureuils font le plein dans leur nid
Pour parer à l'hiver menaçant
Des glands, des noisettes et autres fruits

Parfois le vent souffle et désarçonne
Partout on voit la nature changer
Profitons des chaudes couleurs de l'automne.

Christina Stehlin

BERGERETTE D'AUTOMNE

Puis vint l'automne en robe d'ambre
Les arbres nus semblent si laids
Quelle impudeur ! et quels benêts !
Dit le corbeau pauvre Septembre !

Dans le jardin un banc fâché
Hélas les fleurs se griment moins !
Le teint si gris manque de soins !
Terne le jour semble caché

Puis vint l'automne en robe d'ambre
Les arbres nus semblent si laids
Quelle impudeur ! et quels benêts !
Dit le corbeau pauvre Septembre !

Sot le soleil fait anti chambre
Enfermé dans son vieux palais
Ensencé par de vils laquais
Il mange du miel et du gingembre

Puis vint l'automne en robe d'ambre
Les arbres nus semblent si laids
Quelle impudeur ! et quels benêts !
Dit le corbeau pauvre Septembre !

Raymonde Verney

SAISON HIVERNALE

HIVER

Un froid intense a saisi la vaste plaine.
La neige recouvre le sol gelé et blême,
Elle tisse comme un blanc manteau de laine.
De loin en loin, dénudés et noirs se dressent les chênes.
Ils forment entre ciel et terre une haute barrière,
Et délimitent un terrain de jeux près d'une rivière.
Emmitouflés dans de chauds vêtements d'hiver,
Les enfants du village s'ébattent sur le pré enneigé.
Les plus grands s'affrontent à coup de boule de neige,
Garçons et filles se livrent à une bataille acharnée
Tandis que les petits, construisent des igloos bien alignés,
Ou s'amusent à glisser, à tomber par terre et se relever
tout de blanc poudrés
Au fond, là bas, se dessine une silhouette blanche
Ce doit être un bonhomme de neige soutenu avec des branches :
Une grosse boule en guise de tronc est surmontée d'une petite tête
Dessinez-lui maintenant un visage bien net
Pour les yeux des cailloux, la bouche une branchette
Une carotte rouge remplace le nez,
Son cou est entouré d'un long cache nez
Un chapeau cabossé couronne son sommet,
Dans les bras un balai ; voilà le bonhomme achevé
Que de souvenirs par ces scènes éveillés !
Je nous revois encore glissant sur la rivière gelée
Jusqu'à ce que les semelles des sabots soient usées
Et le soir en rentrant à la maison fourbus mais contents.

Angèle Beltz

SYMPHONIE EN NOIR ET BLANC

Toute la nuit la neige est tombée
Elle a recouvert la campagne environnante
D'une houppelande immaculée.
Nous marchons, main dans la main,
Sur le chemin enneigé vers le village voisin.
La neige crisse sous nos pas.
Le soleil glisse ses rayons entre les nuages gris
Et fait scintiller les cristaux de neige
Comme autant de diamants.
Cà et là, des corbeaux cherchent leur pitance,
Quelques grains de maïs oubliés ;
A notre approche, pris de panique, ils s'envolent
croassant.
Une trace sombre, laissée dans le blanc
Par un renard ou un lièvre, croise celle d'un oiseau.
Des arbres dressent leurs squelettes noirs et dénudés
vers un ciel de plomb
Perchée au sommet d'un peuplier une sentinelle monte la garde
Enfin les nuages s'écartent, le ciel redevient bleu
Et le soleil daigne nous réchauffer un peu.

Bernard Beltz

TABLEAU HIVERNAL

Chaque jour une température glaciale
Semble nous transporter au cœur de l'hémisphère boréale
Heureusement un soleil resplendissant l'accompagne
Qui généreusement inonde de ses rayons ville et campagne

La nature cependant gémit sous ces frimas
Les oiseaux restent cachés malgré les appâts
Se seraient-ils réfugiés là où il fait moins froid
Car depuis fort longtemps on n'a plus connu ça je crois

Chaque matin la froidure est plus vive
Il semblerait que la bise du Nord elle suive
Mais le soleil resplendissant qui l'accompagne
Continue d'inonder généreusement ville et campagne.

Liselotte Egly

JARDIN D'HIVER

L'hiver s'est emparé du jardin,
Etouffe l'herbe verte,
Fait mourir les fleurs…

L'hiver s'est emparé du jardin,
La rue est déserte,
Et triste est mon cœur…

La neige a rejoint le jardin,
J'allume un feu de bois
Et nourris les oiseaux…

La neige a rejoint le jardin,
Je ressuscite la joie,
Réinvente les mots…

Un soleil pâle est apparu,
Petite flamme
Par mégarde,

Dans le jardin, la neige a fondu
Il fait chaud, dans mon âme
Quand tu me regardes …

Suzy Kusser

DEZAMBER

D'erschta Kälta hàt gmàcht so weh
Kai Bliamla hàt kenna wedder steh
Em Wàld suacht s'Vegala jetz a Schutz
Dia Nachta sen làng, dia Taga so kurtz

Jetz dian m'r em Stewla naschta
Han z'reschta so vel scheena Faschtla
Sankt Niklaüs, Wienachta un Neyjohr
Dàss àlles han m'r jetz noch vor

D'r Sankt Niklaüs steht do hàt a wisser bàrt
Vum Hemmel esch'r kumma a langa witta Fàhrt
Stille Nàcht,, Freedensnàcht
D'gànza fàmelia hàltet Wàch

As esch d'r heilig Owa
S'Christkend esch gebora
Verklärt stehn d'Kenderla undr'm Tànnabauim
Fer See esch jetz d'r Wienachtstrauim

Wia güat esch's doch àm fàmelia Tesch
Wenn àlles so scheen einig esch
S'Wienachts Gleckla deent bis ens Fald
Em Kecherla wan m'r batta fer d'r Freda in d'r Walt

Silvaschter esch do, s'Johr esch am And
En Raïga dian m'r tànza Hànd en Hànd
Met Frend un Verwànta, luschtig see

Met Kender Auïga en Züakunft geh
Zwelfa duat's schlàga, àlles jubelt hoch
Vehl gleck!! Vehl Gleck !! ens neyja Johr!!

Elisabeth Martin

HIVER

La nature a ce matin
Dans les prés et les jardins
Endossé son manteau blanc,
Nous voici au temps de l'avent.

Tout scintille dans le soleil levant
Soyeux est le blanc
Doux les nuages moutonnants
L'hiver s'installe doucement.

Ainsi vont les saisons.
Il fait bon dans les maisons,
Noël est en préparation,
Voici pour le sapin, les décorations.

Noël dans le cœur de chacun.
Pour effacer les gros chagrins,
Je donne à chacun de vous
De gros, gros bisous.

Rosette Meister

LA FEERIE DES FLOCONS ET SES DECEPTIONS

Les flocons emmènent en voyage
Les rêves d'enfants éblouis
Sur des pentes pour jeunes âges
Une semaine, un jour, puis…
Les pas s'effacent au redoux
Que de regrets inondent les rigoles
L'attente de luge, patins, igloo
Dans les jeunes têtes désole, quand…

Les flocons emmènent en voyage
Les rêves d'enfants éblouis
Pour sculpter un éblouissant personnage
Ce bonhomme joufflu qui ravit, puis…
Ses bras s'effacent sans paroles
Que devient l'hôte enrubanné ?
Tout couvert de haillons, on l'isole
Pour ne pas inspirer la pitié, quand…

Les flocons emmènent en voyage
Les rêves d'enfants éblouis
Inspirés pour creuser des galeries sauvages
Construites par des mains hardies, puis…
Leurs pans s'effacent dans la lumière
Le tunnel livre son secret
La neige ne fait pas poussière
Il y aura donc à nouveau des après !

François Specklin

L'HIVER

Les arbres dénudés s'élèvent dans la plaine
Un ciel gris annonce la neige ;
Un vent glacé coupe le souffle et l'haleine,
Balaye les feuilles et les malmène

La faune a pris les quartiers de saison ;
Bosquets buissons ont pris un air austère.
Où sont passés les écureuils et les papillons.
Heureusement dans la forêt il y a encore les
Tapis de bruyère

Les étangs dont les bords sont en train de geler ;
La bise casse les joncs transformés en verre.
Les oies sauvages sont parties vers de chaudes contrées
Tout se prépare à la froide saison de l'hiver.

Il n'y a que les enfants qui attendent impatients
Pour sortir luges, skis raquettes ;
S'adonner à leurs jeux favoris et conscients,
Qu'ils ne devront pas oublier leurs gants et casquettes.

Christina Stehlin

NEIGE GIVREE

Crissement des fantômes givrés sur les sentiers désolés
Ultimatum d'un hiver ennuyeux et sévère
L'air figé siffle des chants menteurs
Sous le manteau d'une lune saltimbanque
Le ciel se cache sous un voile de silence
Guindé dans son entier, de noir constellé
Morgue des temps, flagorneurs de l'éternité
Des entités se souviennent des noëls d'antan
La neige impudique s'affiche, transparence de son hâle
Musique, sonate frileuse sur les notes du vent
Airs compassés détournement des âges canoniques
Une lumière hagarde sillonne les vallées glacées
Hiver ! Tes heures somnolentes s'éveillent intempestives
Violence et douceur filtrent le trépas des moments abrogés
Entrelacs des nuages sollicités par un ciel endigué
Les flocons fluets et sages affluent sur une terre déterminée.

Raymonde Verney

TABLE DES MATIERES

SAISON PRINTANIERE

Petites fleurs par Angèle Beltz page 10
Le printemps est là par Bernard Beltz   page 11
A toute volée par Liselotte Egly page 12
Une graine par Suzy Kusser page 13
Friejohr fer unseri sproch par Elisabeth Martin
 pages 15 et 16
Printemps par Rosette Meister page 17
Hyménée par François Specklin page 18
La nature s'éveille par Christina Stehlin page 19
Le printemps par Raymonde Verney page 20

SAISON ESTIVALE

Canicule par Angèle Beltz page 22
Matin d'été par Bernard Beltz page 23
Le Sundgau en été par Liselotte Egly page 24
Vacances d'été Suzy Kusser page 26
Summertràuim par Elisabeth Martin page 27
L'été par Rosette Meister page 29
Quand l'été se présente aux seniors par François Specklin
page 30
Nuits d'été par Christina Stehlin page 31
Soleil rondinet par Raymonde Verney page 32

SAISON AUTOMNALE

Splendeurs d'automne par Angèle Beltz page 34
Un automne inhabituel par Bernard Beltz page 35
Soleil automnal par Liselotte Egly page 37
L'automne est arrivé par Suzy Kusser page 38
S'Spootjohr par Elisabeth Marin pages 39 et 40
La feuille d'automne par Rosette Meister page 42
Sortilège d'automne par François Specklin page 43
L'automne par Christina Stehlin pages 44 et 45
D'automne bergerette par Raymonde Verney page 46

SAISON HIVERNALE

Hiver par Angèle Beltz page 48
Symphonie en noir et blanc par Bernard Beltz page 49
Tableau hivernal par Liselotte Egly page 50
Jardin d'hiver par Suzy Kusser page 51
Dezamber par Elisabeth Martin page 52 et 53
Hiver par Rosette Meister page 55
La féerie des flocons et ses déceptions par
François Specklin page 56
L'hiver par Christina Stehlin page 57
Neige givrée par Raymonde Verney page 58